MI PRIMER LIBRO DE ORACIONES

7.ª edición

Ernesto Juliá

7.ª edición: enero 2026

Dirección editorial: Isabel Carril
Coordinación editorial: Begoña Lozano
Diseño de cubierta: Juan Pablo Rada
Colaboración: Manuel Yébenes

© Texto: Ernesto Juliá
© Ilustraciones: M.ª Ángeles Aznar Medina
© Grupo Editorial Bruño, S. L. , 2015
Valentín Beato, 21
28037 Madrid

www.brunolibros.es

ISBN: 978-84-696-4524-6
Depósito legal: M-24216-2024

PAPEL DE FIBRA
CERTIFICADA

Printed in Spain

PRESENTACIÓN

Dios, que es tu Creador y tu Padre, te quiere mucho más de lo que puedes imaginar, y también quiere que le conozcas, le hables y le quieras.

Comenzamos estas páginas con un buen deseo: aprender a rezar, aprender a hablar con el Señor, con la Virgen, con el Ángel de la Guarda.

Pero… ¿para qué quiero rezar? ¿Solo para pedir ayuda cuando lo estoy pasando mal? No. Tú te diriges a tus padres o a tus hermanos para pasar un rato en su compañía, para pedirles algo que necesitas, para saber si están alegres o tristes o si les puedes ayudar en algo. Y así, hablando, mirándoles, descubres que les quieres mucho y que ellos te quieren, a lo mejor, mucho más. Pues lo mismo con Jesús.

Tú reza a Dios y confíale todo lo que hay en tu cabeza y en tu corazón. Así comprobarás que todo lo tuyo interesa mucho a tu Padre del Cielo.

¿Te has dado cuenta de lo fácil que va a ser rezar, y la alegría que le vas a dar a Dios cuando le busques para pasar un rato con Él? Será un tú a Tú con Dios, un tú a Tú con Jesús.

ERNESTO JULIÁ

PARA EMPEZAR...

Antes de una carrera, te preparas un rato los músculos para poder correr mejor. Esta preparación también es bueno hacerla antes de rezar.

Tu oración debe ser **humilde:** Él es el Creador; te ama, y quiere lo mejor para ti. Por eso, acostúmbrate a pedir sin exigir, y a darle siempre las gracias porque todo lo has recibido de Él.

Confía en que Dios siempre te escucha. Y cuando le pidas algo y no te lo conceda, piensa que todo lo que Dios te dé será siempre para tu bien, aunque al principio no lo entiendas. Deja tus ilusiones y tus preocupaciones en sus manos.

La oración también debe ser **dócil;** por eso, cuando notes que Dios te pide que estudies más, que ayudes en casa, que perdones a un amigo…, hazlo con una sonrisa; así serás dócil a Dios.

A Dios le podemos hablar con oraciones aprendidas de memoria o con palabras espontáneas, que nos salen cuando nos dirigimos a Él. A continuación encontrarás las oraciones más habituales del cristiano. Si tú quieres inventarte alguna más, hazlo con toda libertad. Le darás una gran alegría al Señor.

De tú a Tú con Jesús

Jesús, sé que cuando hablo contigo de corazón a corazón, siempre me das la alegría de saber que me quieres.

LA SEÑAL DE LA CRUZ

La señal del cristiano es la Santa Cruz, porque en una cruz murió Jesús para redimirnos de nuestros pecados y abrirnos las puertas del Cielo.

Hacemos tres cruces:

- La primera en la frente, para que Dios nos libre de los malos pensamientos.
- La segunda en la boca, para que Dios nos libre de las malas palabras.
- La tercera en el pecho, para que Dios nos libre de las malas obras.

Mientras haces estas tres cruces sobre tu frente, sobre tu boca, y sobre tu pecho, dices:

Por la señal de la Santa Cruz, de nuestros enemigos líbranos Señor, Dios nuestro. En el nombre del Padre y del Hijo y del Espíritu Santo. Amén.

A esa acción se le llama *persignarse* o *santiguarse.*

De tú a Tú con Dios

Hoy, antes de acostarme, me persignaré, y me fijaré bien en lo que hago para que no me salga un garabato sin sentido.

PADRENUESTRO

Un día, los Apóstoles le pidieron a Jesús que les enseñase a rezar. Él les recomendó que no hablasen mucho en la oración porque «vuestro Padre sabe lo que necesitáis antes de que se lo pidáis», y después les enseñó el Padrenuestro.

Padre nuestro, que estás en el Cielo,
santificado sea tu nombre;
venga a nosotros tu Reino;
hágase tu voluntad
en la tierra como en el Cielo.

Danos hoy
nuestro pan de cada día;
perdona nuestras ofensas,
como también nosotros perdonamos
a los que nos ofenden;
no nos dejes caer en la tentación,
y líbranos del mal. Amén.

De tú a Tú con Jesús

Jesús, me hubiera gustado escucharte cuando enseñaste el Padrenuestro a los Apóstoles. La próxima vez que lo rece me voy a imaginar que Tú lo rezas conmigo. Me da mucha alegría saber que soy ¡hijo de Dios!

AVEMARÍA

La primera parte de esta oración recoge las palabras que Santa Isabel, embarazada de Juan el Bautista, le dijo a la Virgen María cuando fue a visitarla.

La segunda parte del Avemaría la han rezado los cristianos desde los primeros tiempos de la Iglesia. Siempre que recites esta oración, acuérdate de que te estás dirigiendo a tu Madre del Cielo.

Dios te salve, María, llena eres de gracia; el Señor es contigo. Bendita Tú eres entre todas las mujeres, y bendito es el fruto de tu vientre, Jesús.

Santa María, Madre de Dios, ruega por nosotros, pecadores, ahora y en la hora de nuestra muerte. Amén.

Ave María

De tú a Tú con la Virgen María

Madre mía, quiero ir agarrado de tu mano hacia Jesús. ¡No me sueltes nunca!

GLORIA

Esta oración es un canto de alabanza a Dios que los ángeles cantan en el Cielo. Los cristianos la rezamos al final del Padrenuestro y el Ave María, y puedes repetirla siempre que quieras:

Gloria al Padre, y al Hijo, y al Espíritu Santo.

Como era en el principio, ahora y siempre, por los siglos de los siglos. Amén.

De tú a Tú con Dios

Señor, quiero amarte y conocerte mejor, y decirte con los ángeles: Gloria al Padre, gloria al Hijo y gloria al Espíritu Santo.

AL ÁNGEL DE LA GUARDA

Dios te ha dado un ángel para que te acompañe y te proteja siempre. Está a tu lado, aunque no le veas. Te ayuda a portarte bien y, sobre todo, a buscar la amistad con Jesús.

Hay muchas oraciones al Ángel de la Guarda; aquí tienes una:

Ángel de mi Guarda, dulce compañía, no me desampares ni de noche ni de día, no me dejes solo que me perdería.

De tú a tú con mi Ángel

¿Cuándo le hablo yo a mi Ángel de la Guarda? Ayúdame a descubrirte a lo largo del día.

OFRECIMIENTO DE OBRAS

Nada más empezar el día, ofréceselo a Dios, y pide ayuda a Jesús, a la Virgen y a tu Ángel de la Guarda para que te acompañen en el estudio, en el descanso, en los juegos con tus hermanos y con tus amigos.

Esto es lo que se llama *Ofrecimiento de obras.*

> Jesús, te ofrezco la ilusión de vivir un nuevo día. Con tu gracia quiero llenarlo de generosidad y eficacia. Virgen María, ayúdame a cumplir hoy, fielmente, la voluntad de Dios. Amén.

También puedes decirle al Señor, sencillamente:

> Señor, te ofrezco mis pensamientos, palabras y obras de este día.

Jesús, te ofrezco tomarme todo el desayuno

14

De tú a Tú con Jesús

Ayúdame, Jesús, para que sepa ofrecerte mis tareas, también las más pequeñas, y que ponga siempre buena cara, aunque me cueste, porque quiero vivir con la alegría de saberte a mi lado.

¡OH, SEÑORA MÍA!

Después de haber hecho el Ofrecimiento de obras a Jesús, es bonito ofrecer también el día y todo lo que vas a hacer a la Virgen. Como Madre tuya se preocupa por ti, y te ayuda.

¡Oh, Señora mía! ¡Oh, Madre mía! Yo me ofrezco enteramente a Vos. Y en prueba de mi filial afecto os consagro en este día mis ojos, mis oídos, mi lengua, mi corazón; en una palabra, todo mi ser. Ya que soy todo vuestro, oh, Madre de bondad, guardadme y defendedme como cosa y posesión vuestra. Amén.

De tú a Tú con la Virgen

Me gusta rezarte delante de una estampa o de un cuadro tuyo. Y sé que a Ti también te gusta porque ves que te quiero. Me sonríes y te sonrío.

BENDITA SEA TU PUREZA

Esta es otra oración a Nuestra Madre María que los cristianos le dirigimos desde hace mucho tiempo. Estas palabras te ayudarán a ser limpio de corazón, a querer el bien de los demás, a alegrarte de amar a Dios.

Bendita sea tu pureza y eternamente lo sea,
pues todo un Dios se recrea en tan graciosa belleza.
A Ti, celestial princesa, Virgen sagrada, María,
yo te ofrezco en este día, alma, vida y corazón.
Mírame con compasión, no me dejes, Madre mía.

De tú a Tú con la Virgen María

Ayúdame a lo largo de todo el día, Madre. Así, también el Señor estará contento conmigo, al ver que procuro portarme bien, estudiar y compartir las cosas con mis amigos.

ÁNGELUS Y REINA DEL CIELO

El rezo del Ángelus y del Reina del Cielo comenzó hacia el año 1350. Desde entonces, a las doce, muchas personas rezan el Ángelus.

V. El ángel del Señor anunció a María.
R. Y concibió por obra y gracia del Espíritu Santo.
   Dios te salve, María…
V. He aquí la esclava del Señor.
R. Hágase en mí según tu palabra.
   Dios te salve, María…
V. Y el Verbo de Dios se hizo carne.
R. Y habitó entre nosotros.
   Dios te salve, María…
V. Ruega por nosotros, Santa Madre de Dios.
R. Para que seamos dignos de alcanzar las promesas de Nuestro Señor Jesucristo.

ORACIÓN. Te suplicamos, Señor, que derrames tu gracia en nuestras almas, para que habiendo conocido por la voz del ángel la Encarnación de tu Hijo Jesucristo, por su Pasión y Cruz, alcancemos la gloria de la Resurrección. Por el mismo Jesucristo Nuestro Señor. Amén.

En el Tiempo Pascual (los cincuenta días desde la Resurrección del Señor al domingo de Pentecostés), puedes unirte a la alegría de los ángeles, rezando el Reina del Cielo:

V. Reina del Cielo, alégrate; aleluya.
R. Porque el Señor a quien mereciste llevar en tu seno; aleluya.
V. Ha resucitado según predijo; aleluya.
R. Ruega por nosotros a Dios; aleluya.
V. Gózate y alégrate, Virgen María; aleluya.
R. Porque ha resucitado verdaderamente el Señor; aleluya.

ORACIÓN. Oh, Dios, que por la Resurrección de tu Hijo, Nuestro Señor Jesucristo, te has dignado alegrar al mundo, concédenos, te rogamos, que por la intercesión de su Madre, la Virgen María, alcancemos los gozos de la vida eterna. Por el mismo Jesucristo, Nuestro Señor. Amén.

De tú a Tú con Jesús

Estoy lleno de alegría, como la Virgen, porque has resucitado. ¡Estás vivo! Y ya, para siempre, estarás entre nosotros. Gracias, Señor.

BENDICIÓN DE LA MESA

Con la bendición de la mesa invitamos al Señor a que nos acompañe en ese rato tan familiar. Además, le pedimos que nos bendiga y que bendiga los alimentos que vamos a tomar.

Antes de empezar a comer, y todos en silencio, puedes hacer la señal de la Cruz, y decir:

> Bendícenos, Señor, a nosotros y a estos alimentos que por tu bondad vamos a tomar. *Amén.*

> El Rey de la gloria eterna nos haga partícipes de la mesa celestial. *Amén.*

Y al terminar, antes de levantaros de la mesa, puedes hacer otra vez la señal de la Cruz, y dar gracias diciendo:

> Te damos gracias por todos tus beneficios, omnipotente Dios, que vives y reinas por los siglos de los siglos. *Amén.*

Gracias

De tú a Tú con Jesús

Me encanta cuando comemos todos juntos y contamos cosas. Jesús, ven y quédate con nosotros para compartir este rato tan familiar. Y bendícenos, Señor, para que en casa haya siempre unión y paz.

SALVE

La Salve es una de las oraciones más populares y extendidas en honor de la Virgen. Los cristianos llevamos más de mil años rezando esta oración.

Tú eres ese hijo de Santa María, al que nos referimos en la oración, y tu súplica y tus piropos llegan al corazón de Nuestra Madre.

Dios te salve, Reina y Madre de misericordia, vida, dulzura y esperanza nuestra, ¡Dios te salve! A Ti llamamos los desterrados hijos de Eva; a Ti suspiramos, gimiendo y llorando en este valle de lágrimas. Ea, pues, Señora, abogada nuestra, vuelve a nosotros esos tus ojos misericordiosos. Y después de este destierro, muéstranos a Jesús, fruto bendito de tu vientre. ¡Oh, clementísima, oh, piadosa, oh dulce siempre Virgen María! Ruega por nosotros, Santa Madre de Dios, para que seamos dignos de alcanzar las promesas de Nuestro Señor Jesucristo. Amén.

De tú a Tú con la Virgen

La aprenderé de memoria, no me costará mucho, y te la rezaré en algún momento del día, poniendo atención para decírtela de todo corazón. Estoy seguro de que me miras con mucho cariño.

ACORDAOS

Otra oración, breve y muy bonita, que le puedes rezar a la Virgen es el Acordaos. En ella le decimos a Nuestra Madre algo que nunca olvida: que somos sus hijos y que necesitamos su ayuda. La Virgen siempre se acuerda de nosotros, aunque a veces nosotros no nos acordemos de Ella.

Acordaos, ¡oh, piadosísima Virgen María!, que jamás se ha oído decir que ninguno de los que han acudido a vuestra protección, implorando vuestra asistencia y reclamando vuestro socorro, haya sido abandonado de Vos.

Animado por esta confianza, a Vos también acudo, ¡oh, Madre, Virgen de las vírgenes!, y aunque gimiendo bajo el peso de mis pecados, me atrevo a comparecer ante vuestra presencia soberana. No desechéis, ¡oh, Madre de Dios!, mis humildes súplicas, antes bien inclinad a ellas vuestros oídos y dignaos atenderlas favorablemente. Amén.

Te quiero, Virgencita ♥ ♥

De tú a Tú con la Virgen

Acudiré a Ti, Madre, con confianza, cuando necesite que me eches una mano, sabiendo que me comprendes y me quieres mucho; más que todas las madres del mundo… ¡Y esto es muchísimo!

CREDO

Lo que dices en esta oración, que rezamos en la Santa Misa, son las grandes verdades de la fe cristiana, fe que has recibido en el Bautismo, y que desde entonces ha ido creciendo en tu inteligencia y en tu corazón. Lo han recitado todos los cristianos desde el principio de la Iglesia.

Creo en Dios, Padre todopoderoso,
creador del cielo y de la tierra.
Creo en Jesucristo, su único Hijo,
Nuestro Señor, que fue concebido
por obra y gracia del Espíritu Santo,
nació de Santa María Virgen,
padeció bajo el poder de Poncio Pilato,
fue crucificado, muerto y sepultado,
descendió a los infiernos,
al tercer día resucitó de entre los muertos,
subió a los Cielos y está sentado
a la derecha de Dios, Padre todopoderoso.
Desde allí ha de venir a juzgar
a vivos y muertos.

Creo en el Espíritu Santo,
la Santa Iglesia católica,
la comunión de los santos,
el perdón de los pecados,
la resurrección de la carne
y la vida eterna. Amén.

De tú a Tú con Jesús

Me da mucha alegría saber que resucitaste y que también nosotros resucitaremos un día. ¡Uf, mi corazón da un brinco cuando digo estas cosas! Te creo porque Tú lo has dicho, y Tú, Jesús, nunca mientes.

SANTO ROSARIO

Quizá has oído alguna vez rezar el Santo Rosario en la iglesia o a tus padres en casa. Tiene cuatro partes. Cada día se reza una parte, y los misterios de la vida del Señor que se contemplan en cada una son diferentes. Junto al nombre de los Misterios tienes los días de la semana en los que se rezan.

Misterios Gozosos *(lunes y sábados)*
1.° La Encarnación del Señor.
2.° La Visitación de la Virgen a su prima Santa Isabel.
3.° El Nacimiento del Hijo de Dios en Belén.
4.° La Purificación de Nuestra Señora.
5.° El Niño Jesús perdido y hallado en el Templo.

Misterios Luminosos *(jueves)*
1.° El Bautismo del Señor en el Jordán.
2.° La revelación de Jesús en las bodas de Caná.
3.° El anuncio del Reino de Dios.
4.° La Transfiguración del Señor.
5.° La institución de la Eucaristía.

Misterios Dolorosos *(martes y viernes)*

1.° La oración de Jesús en el huerto.

2.° La flagelación del Señor.

3.° La coronación de espinas.

4.° Jesús con la Cruz a cuestas camino del Calvario.

5.° La Crucifixión y Muerte del Señor.

Misterios Gloriosos *(miércoles y domingos)*

1.° La Resurrección del Señor.

2.° La Ascensión del Señor a los Cielos.

3.° La venida del Espíritu Santo.

4.° La Asunción de la Virgen en cuerpo y alma al Cielo.

5.° La Coronación de la Virgen como Reina de Cielos y tierra.

Después de cada misterio se reza un Padrenuestro, diez Avemarías y un Gloria. Tras el Gloria:

María, Madre de gracia, Madre de misericordia, defiéndenos de nuestros enemigos y ampáranos ahora y en la hora de nuestra muerte. Amén.

Si te fijas en los títulos de cada Misterio, te darás cuenta de que con las cuatro partes del Rosario recorres toda la vida de Jesucristo paso a paso.

El rezo del Santo Rosario se termina con una **Letanía**, que son piropos breves a la Virgen, con los que le pides que ruegue por ti, por tu familia, por todo el mundo.

A estas invocaciones se responde repitiéndolas:

Señor, ten piedad	*Señor, ten piedad*
Cristo, ten piedad	*Cristo, ten piedad*
Señor, ten piedad	*Señor, ten piedad*
Cristo, óyenos	*Cristo, óyenos*
Cristo, escúchanos	*Cristo, escúchanos*

A estas invocaciones se responde:

Ten misericordia de nosotros

Dios Padre celestial
Dios Hijo Redentor del mundo
Dios Espíritu Santo
Trinidad Santa, un solo Dios

A estas invocaciones se responde:

Ruega por nosotros

Santa María
Santa Madre de Dios
Santa Virgen de las vírgenes
Madre de Cristo
Madre de la Iglesia
Madre de la Misericordia
Madre de la divina gracia
Madre de la Esperanza
Madre purísima
Madre castísima
Madre virginal
Madre sin corrupción
Madre inmaculada
Madre amable
Madre admirable
Madre del buen consejo
Madre del Creador
Madre del Salvador
Virgen prudentísima
Virgen digna de veneración
Virgen digna de alabanza
Virgen poderosa
Virgen clemente
Virgen fiel
Espejo de justicia
Trono de la sabiduría
Causa de nuestra alegría
Vaso espiritual

Vaso digno de honor
Vaso insigne de devoción
Rosa mística
Torre de David
Torre de marfil
Casa de oro
Arca de la alianza
Puerta del Cielo
Estrella de la mañana
Salud de los enfermos
Refugio de los pecadores
Consuelo de los migrantes
Consuelo de los afligidos
Auxilio de los cristianos
Reina de los Ángeles
Reina de los Patriarcas
Reina de los Profetas
Reina de los Apóstoles
Reina de los Mártires
Reina de los Confesores
Reina de las Vírgenes
Reina de todos los Santos
Reina concebida sin pecado original
Reina elevada al Cielo
Reina del Santísimo Rosario
Reina de la familia
Reina de la paz

Cordero de Dios que quitas el pecado del mundo. *Perdónanos, Señor.*

Cordero de Dios que quitas el pecado del mundo. *Escúchanos, Señor.*

Cordero de Dios que quitas el pecado del mundo. *Ten piedad de nosotros.*

ORACIÓN: Te rogamos, Señor, que nos concedas a nosotros tus siervos gozar de perpetua salud de alma y cuerpo y, por la gloriosa intercesión de la bienaventurada Virgen María, seamos librados de la tristeza presente y disfrutemos de la eterna alegría. Por Cristo, Nuestro Señor. *Amén.*

Ave María

De tú a Tú con la Virgen

Voy a recordar algunos de estos piropos y te los diré, Madre, cuando vea una imagen tuya. Seguro que te gustarán.

ORACIONES JACULATORIAS

Las oraciones jaculatorias son frases muy breves, que salen del fondo del corazón, y que puedes dirigir a Dios Padre, a Jesús, al Espíritu Santo, a la Virgen, al Ángel de la Guarda o a San José, con toda confianza y cariño. Las puedes decir mentalmente cuando quieras, en cualquier lugar, mientras juegas con tus amigos, cuando vas de excursión...

Sirven para manifestar tu fe y tu amor a Dios, para pedirle ayuda, para darle gracias y, también, para expresar tu amistad con Jesús, con la Virgen, con tu Ángel de la Guarda.

Además de las que tú mismo te puedes inventar, aquí tienes algunas:

- Señor mío y Dios mío.
- Jesús, ayúdame a no enfadarme por tonterías.
- Tuyo soy, para ti nací, ¿qué quieres, Jesús, de mí?
- Perdóname, Señor, lo que he hecho mal.
- Jesús, quiero ser siempre tu amigo.
- Viva Jesús Sacramentado.
- Sagrado Corazón de Jesús, enséñame a querer a todos.
- Sagrado Corazón de Jesús, en Ti confío.
- Señor, ayúdame a poner buena cara.
- Santa María, te quiero mucho.
- San José, mi padre y señor.
- Ángel de mi Guarda, cuento contigo.
- ¡Aparta, Señor, de mí lo que me aparte de Ti!

De tú a Tú con Jesús

¡Qué alegría siento en mi corazón al saberte tan cerca, Jesús! La Virgen, San José y el Ángel de la Guarda también están junto a mí.

MANDAMIENTOS DE LA LEY DE DIOS

Jesús quiere ser tu amigo. ¿Cómo puedes ser tú un buen amigo de Jesús?

Cristo mismo dio la respuesta a esta pregunta: «Quien me ama cumple mis mandamientos» (Jn 14,15).

Estos son los diez Mandamientos de la Ley de Dios (también llamados *Decálogo)*:

El primero, amarás a Dios sobre todas las cosas.
El segundo, no tomarás el nombre de Dios en vano.
El tercero, santificarás las fiestas.
El cuarto, honrarás a tu padre y a tu madre.
El quinto, no matarás.
El sexto, no cometerás actos impuros.
El séptimo, no robarás.
El octavo, no dirás falso testimonio ni mentirás.
El noveno, no consentirás pensamientos ni deseos impuros.
El décimo, no codiciarás los bienes ajenos.

Estos diez mandamientos se resumen en dos: amarás a Dios sobre todas las cosas y al prójimo como a ti mismo.

No veas nunca los Mandamientos como una lista de obligaciones que tienes que cumplir; son el camino para estar siempre muy contentos.

De tú a Tú con Dios

¡Me sé de memoria los diez Mandamientos! Y te quiero, y voy a Misa, y no digo palabrotas…, pero a veces no obedezco a mis padres. Te prometo que esta semana me esforzaré. Y la otra, y la otra…

MANDAMIENTOS DE LA IGLESIA

La Iglesia, fundada por Jesucristo y guiada por el Espíritu Santo, ha establecido cinco Mandamientos para todos los fieles cristianos:

El primero, oír Misa entera todo los domingos y fiestas de guardar.

El segundo, confesar los pecados mortales al menos una vez al año, y en peligro de muerte, y si se ha de comulgar.

El tercero, comulgar por Pascua de Resurrección.

El cuarto, ayunar y abstenerse de comer carne cuando lo manda la Santa Madre Iglesia.

El quinto, ayudar a la Iglesia en sus necesidades.

La Iglesia es como una buena madre, y se preocupa de que hagas el bien y vayas siempre por el buen camino.

De tú a Tú con Dios

Señor, ayúdame a ser generoso cuando el sacerdote pida en Misa dinero para Cáritas, para los seminarios o para mejoras en el edificio de la iglesia. Sé que luego estaré muy contento.

SACRAMENTOS

Apréndete de memoria la lista de los Sacramentos, y recuerda que en cada uno encuentras a Jesucristo, y que cada Sacramento te hace más y mejor amigo suyo, porque fue Él quien los instituyó:

Bautismo.
Confirmación.
Eucaristía.
Penitencia.
Unción de enfermos.
Orden sacerdotal.
Matrimonio.

De tú a tú con Jesús

Señor, gracias por dejarnos los Sacramentos. Sé que son camino seguro para amarte cada día más.

CONFESIÓN SACRAMENTAL

Nos paramos ahora ante este Sacramento por un motivo especial: porque el pecado es el peor enemigo de tu amistad con Jesús. *Pecado* es «cualquier hecho, pensamiento o deseo contrario a la Ley de Dios».

Cuando te confiesas, es como si el Señor te dijera: «Te perdono todo. No te preocupes. Estás arrepentido y has pedido perdón. Somos tan amigos como siempre».

Examen de conciencia

Aquí tienes unas preguntas que te pueden ayudar a hacer el examen de conciencia antes de confesarte:

- ¿Voy a Misa todos los domingos y fiestas de precepto?
- ¿Recibo con devoción al Señor en la Comunión? ¿Le digo que le quiero?
- ¿Rezo por el Papa, por los obispos, por los sacerdotes?
- ¿Rezo todos los días alguna oración a la Virgen?
- ¿Me acuerdo de rezar a la Virgen María antes de acostarme, y le doy las gracias por lo que me ha ayudado durante todo el día?
- ¿Obedezco a mis padres, a la primera? ¿Me preocupo de ser cariñoso con ellos, con mis hermanos, con mis abuelos, especialmente cuando están enfermos? ¿Les ayudo en lo que puedo?
- ¿Pido a Dios que dé muchas alegrías a mis padres, a mis hermanos, a mis amigos, y les atienda en sus necesidades?

- ¿Trato bien a todos, o me dejo llevar del mal genio? ¿Les pido perdón si he hecho algo malo y les perdono cuando ellos me lo piden a mí? ¿Le digo a la Virgen que me ayude a llevarme bien con todos?
- ¿Soy generoso con mis hermanos y mis amigos, y les presto mis cosas: los juguetes, los lápices, la bicicleta…? ¿Les ayudo cuando sé que necesitan algo?
- ¿Hablo alguna vez mal de mis padres, de mis amigos, de mis hermanos, de los profesores o de alguna otra persona? ¿Tengo odio o rencor contra alguien?
- ¿Voy a visitar, con mis padres o con mis amigos, a algún enfermo o a algún necesitado, y le acompaño y ayudo en lo que necesite?
- ¿Rezo para que algún amigo se acerque más a la amistad con Jesús?
- ¿He despreciado a algún compañero? ¿Me he burlado de alguno y le he molestado o ridiculizado?
- ¿Soy egoísta? ¿Me preocupo solo de mis cosas y de lo que me tienen que dar, y no de lo que tengo que dar yo? ¿Me dejo llevar por los caprichos?
- ¿He sido perezoso al levantarme? ¿Estudio con esfuerzo, y un poco todos los días, o estudio solo cuando se acercan los exámenes?
- ¿Me doy cuenta de que estudiar es mi obligación, porque así me preparo para hacer el bien a muchas personas con mi trabajo?
- ¿Digo mentiras porque me da vergüenza que sepan que he hecho algo malo?
- ¿He aceptado pensamientos, deseos, imágenes o conversaciones impuras?

Después del examen de conciencia, te arrepientes de haber hecho algo mal, y tienes *dolor de corazón*, porque has desobedecido a Dios, te has alejado un poco de su amistad y te has hecho daño a ti mismo y a los demás.

Y como quieres hacer el bien, le dices al Señor que no quieres pecar más; eso es lo que se llama *propósito de la enmienda*.

Después de arrodillarte delante del sacerdote, le dices tus pecados, y él te da unos consejos y te pone una penitencia: rezar una oración, tener un detalle con tus padres, etc. Cúmplela enseguida. Así vives los otros dos momentos del Sacramento de la Confesión: *decir los pecados al confesor y cumplir la penitencia.*

De tú a Tú con Dios

Te prometo, Señor, que si alguna vez hago algo mal, me confesaré y pediré perdón. Al fin y al cabo, Tú lo ves todo, lo sabes todo y lo perdonas todo. ¡Quiero ser siempre tu amigo!

SEÑOR MÍO, JESUCRISTO

Este *acto de contrición* te ayudará a acercarte con sinceridad de corazón a Jesús.

Señor mío, Jesucristo,
Dios y Hombre verdadero,
Creador, Padre y Redentor mío;
por ser Vos quien sois, bondad infinita,
y porque os amo sobre todas las cosas,
me pesa de todo corazón haberos ofendido;
también me pesa porque podéis castigarme
con las penas del infierno.
Ayudado de vuestra divina gracia,
propongo firmemente nunca más pecar,
confesarme y cumplir la penitencia
que me fuera impuesta. Amén.

De tú a Tú con Jesús

Señor, me encantaría sentir *dolor de corazón* cuando hago algo mal porque sé que no te gusta. Te quiero querer, Jesús. ¡Ayúdame!

SANTA MISA

Lo más importante para un cristiano es asistir a la Santa Misa. En la Misa volvemos a vivir el sacrificio de Jesús en la cruz, que se ofrece de nuevo para el perdón de los pecados.

La Misa tiene dos partes. La primera es la *Liturgia de la Palabra*, y la segunda es la *Liturgia de la Eucaristía*.

En el nombre del Padre, y del Hijo, y del Espíritu Santo. Amén.

Así comienza la Santa Misa, mientras tú haces la señal de la Cruz.

Después haces un **acto de contrición,** te arrepientes en tu corazón y pides perdón. Así te vas preparando para recibir con un corazón limpio a Jesús en la Comunión:

Yo, pecador

Yo confieso ante Dios todopoderoso
y ante vosotros, hermanos,
que he pecado mucho de pensamiento,
palabra, obra y omisión.
Por mi culpa, por mi culpa, por mi gran culpa.
Por eso ruego a Santa María, siempre Virgen,
a los ángeles, a los santos y a vosotros, hermanos,
que intercedáis por mí ante Dios, Nuestro Señor.

El sacerdote confía nuestros buenos deseos al corazón de Jesús:

Señor, ten piedad. *Señor, ten piedad.*
Cristo, ten piedad. *Cristo, ten piedad.*
Señor, ten piedad. *Señor, ten piedad.*

El sacerdote, si es domingo o una fiesta, reza el **Gloria,** y lo rezamos todos con él. Es una oración de alabanza a la Santísima Trinidad:

Gloria a Dios en el Cielo, y en la tierra paz a los hombres que ama el Señor. Por tu inmensa gloria te alabamos, te bendecimos, te adoramos, te glorificamos, te damos gracias, Señor Dios, Rey celestial, Dios Padre todopoderoso, Señor, Hijo único, Jesucristo. Señor Dios, Cordero de Dios, Hijo del Padre, Tú que quitas el pecado del mundo, ten piedad de nosotros; Tú que quitas el pecado del mundo, atiende nuestra súplica; Tú que estás sentado a la derecha del Padre, ten piedad de nosotros; porque solo Tú eres Santo; solo Tú, Señor, solo Tú, Altísimo Jesucristo, con el Espíritu Santo en la gloria de Dios Padre. Amén.

A continuación se leen unas **lecturas:** un pasaje del Antiguo Testamento y/o de las Epístolas del Nuevo Testamento; un **salmo** que repetimos todos, y un pasaje de uno de los cuatro Evangelios, que lee el sacerdote.

Después, el sacerdote dice la **homilía,** en la que comenta las lecturas y nos orienta para que vivamos más cerca del Señor. Terminada la homilía, se reza el **Credo,** que ya conoces.

Después, se pide por distintas necesidades: por el Papa, para que acaben las guerras, por los enfermos, etc. Ahí termina la *Liturgia de la Palabra.*

A continuación el sacerdote hace el **Ofrecimiento.** Toma la patena y el cáliz y ofrece a Dios Padre el pan y el vino, que se convertirán en el Cuerpo y en la Sangre de Nuestro Señor Jesucristo en el momento de la Consagración. Tú puedes ofrecerle a Jesús algo que te guste y algo que te cueste. Aprovecha para poner en la patena tu vida entera: tu familia, tus amigos, tus estudios…

Enseguida te unes a la oración de toda la iglesia, y comienza la *Liturgia Eucarística*, diciendo una oración –el **Prefacio–** que termina siempre de la misma manera:

Santo, santo, santo es el Señor, Dios del universo.
Llenos están el Cielo y la tierra de tu gloria.
Hosanna en el Cielo.
Bendito el que viene en el nombre del Señor.
Hosanna en el Cielo.

Poco después llega el momento de la **Consagración.** Fíjate, el sacerdote –en el nombre de Jesucristo– va a decir las mismas palabras que Nuestro Señor Jesucristo pronunció en su Última Cena cuando estaba con sus discípulos, antes de comenzar su Pasión y su camino hacia el Calvario. Toma la Hostia –la Sagrada Forma– en sus manos y dice:

Tomad y comed todos de Él, porque esto es mi Cuerpo, que será entregado por vosotros.

Después, toma el Cáliz, en el que ha puesto vino con unas gotas de agua y dice:

Tomad y bebed todos de Él, porque este es el Cáliz de mi Sangre, sangre de la alianza nueva y eterna, que será derramada por vosotros y por muchos para el perdón de los pecados. Haced esto en conmemoración mía.

El Señor está ya en el altar. No lo ves, pero está de una manera que se llama **sacramental,** bajo las apariencias del pan y del vino.

Y tú te unes a Jesús y le dices que vas a recordar el milagro que ha sucedido delante de tus ojos, la Transustanciación: el pan se convierte en el Cuerpo de Cristo y el vino en su Sangre.

Termina esta parte de la Misa cuando el sacerdote levanta un poco el Cáliz y la patena, y dice:

> Por Cristo, con Él y en Él, a Ti Dios Padre omnipotente, en la unidad del Espíritu Santo, todo honor y toda gloria, por los siglos de los siglos. Amén.

Todos los asistentes a la Misa rezamos ahora el **Padrenuestro,** y nos damos el signo de la paz. A continuación viene la fracción del Pan y te preparas para recibir la Comunión, el Cuerpo y la Sangre de Cristo.

Recibe al Señor con devoción y con un corazón limpio. Dale gracias por haber venido a ti, no te olvides de decirle que le quieres, y pídele por las personas que necesitan tu oración.

Al terminar, el sacerdote da la bendición y nos dice:

En el nombre del Señor, podéis ir en paz.

De tú a Tú con Jesús

Cuando termine la Misa, en lugar de salir corriendo, me quedaré unos minutos en silencio, y te diré: «Señor, sé que Tú vives en mí. Ayúdame para que te reciba siempre con un corazón lleno de buenos deseos y limpio de pecado. Te quiero».

VISITA AL SANTÍSIMO SACRAMENTO

El Señor ha querido quedarse en el Sagrario para que podamos visitarle como a un buen amigo siempre dispuesto a pasar un rato con nosotros, contigo. Cuando vayas, puedes contarle tus cosas, pedirle que te ayude, darle gracias... y, de rodillas delante del altar, puedes rezar esta breve oración:

Viva Jesús Sacramentado.
Viva y de todos sea amado.
Padrenuestro, Avemaría, Gloria.

Repítelo tres veces para honrar a Dios Padre, a Dios Hijo y a Dios Espíritu Santo.

Después, puedes rezar la **Comunión Espiritual:**

Yo quisiera, Señor, recibirte con aquella pureza, humildad y devoción con que te recibió tu Santísima Madre, con el espíritu y el fervor de los Santos.

De tú a Tú con Jesús

Cuando vaya a visitarte, Señor, iré –de la mano de la Virgen– con mi corazón lleno de buenos sentimientos y deseos de querer cada día más a los demás. Sé que Tú me miras con cariño y me ayudas.

OBRAS DE MISERICORDIA

Las Obras de Misericordia son acciones que haces, movido por el amor de Dios, para ayudar a los demás y hacerles algún bien.

Las Obras de Misericordia son catorce: siete espirituales y siete corporales.

Espirituales

Enseñar al que no sabe.
Dar buen consejo al que lo necesita.
Corregir al que yerra.
Perdonar las injurias.
Consolar al triste.
Sufrir con paciencia los defectos del prójimo.
Rogar a Dios por vivos y difuntos.

Corporales

Visitar y cuidar a los enfermos.
Dar de comer al hambriento.
Dar de beber al sediento.
Dar posada al peregrino.
Vestir al desnudo.
Liberar al cautivo.
Enterrar a los muertos.

De tú a Tú con Jesús

Jesús, me gusta estar alegre y me da pena cuando algún amigo mío está triste. Intentaré darme cuenta y hablar con él o, por lo menos, sentarme a su lado para que no se sienta solo.

ORACIÓN POR LOS ENFERMOS

Jesús quiere mucho a los enfermos.

¿Has visto a tu abuelo, a tu padre, a tu madre, a algún amigo tuyo enfermo, en la cama, con mucho dolor? A veces, no se te ocurre ninguna palabra que le puedas decir, y te quedas callado y triste. Si no te salen otras palabras, lee esta oración que puedes dirigir a Jesús pidiéndole por esa persona enferma:

> Jesús, por tu virtud divina, por el inmenso amor que tienes a los que sufren, a los afligidos, a todos los necesitados, escúchale, bendícele, socórrele, consuélale. Amén.

Y si el enfermo puede hablar, dile que quieres rezar con él un Avemaría, y rézala; verás cómo le consuela.

De tú a Tú con Jesús

Querido Jesús: mira a *(nombre del enfermo)* y ayúdale a vivir su enfermedad. Sé que Tú todo lo puedes y que eres muy misericordioso. Casi me atrevo a pedirte que le cures del todo. Y si no, que estés siempre a su lado y que no esté triste.

ORACIÓN POR LOS DIFUNTOS

Cuando se muere una persona querida sentimos una gran pena. Quedarnos tristes no nos sirve de mucho. Lo que hacemos los cristianos es rezar por nuestros difuntos, para que lleguen pronto al Cielo. Aquí tienes una breve oración para rezar por un difunto:

> Dios de misericordia y de amor, ponemos en tus manos amorosas a nuestros hermanos.
> En esta vida, Tú les demostraste tu gran amor; y ahora que ya están libres de toda preocupación, dales la felicidad y la paz eterna.
> Su vida terrena ha terminado ya; recíbelos ahora en el Paraíso, en donde ya no habrá dolores, ni lágrimas, ni penas, sino únicamente paz y alegría con Jesús, tu Hijo, y con el Espíritu Santo para siempre. Amén.

De tú a Tú con Jesús

Jesús, yo te ofrezco por *(di el nombre de la persona que ha muerto)* mis oraciones y buenas obras, para que, si está todavía en el Purgatorio, le abras pronto las puertas del Cielo. Amén.

ORACIÓN AL ESPÍRITU SANTO

El Espíritu Santo, la Tercera Persona de la Santísima Trinidad, envía a tu corazón el amor de Dios.

Aquí tienes una oración para pedir al Espíritu Santo que venga a ti.

Ven, Espíritu Santo, llena los corazones de tus fieles y enciende en ellos el fuego de tu amor.
Envía, Señor, tu Espíritu,
que renueve la faz de la tierra.

ORACIÓN. Oh, Dios, que llenaste los corazones de tus fieles con la luz del Espíritu Santo; concédenos que, guiados por el mismo Espíritu, sintamos con rectitud y gocemos siempre de tu consuelo. Por Jesucristo, Nuestro Señor. Amén.

De tú a Tú con Dios

Sé que el día de mi Confirmación el Espíritu Santo vendrá y se quedará en mi corazón. ¡Será un día tan grande como el de mi Primera Comunión!

ÍNDICE